超訳《ちょうやく》！

こども名《めい》著《ちょ》塾《じゅく》

あの古典《こてん》のことばがよくわかる！

5

〈枕草子《まくらのそうし》〉清少納言《せいしょうなごん》

〈徒然草《つれづれぐさ》〉兼好法師《けんこうほうし》

日本図書センター

はじめに

世界《せかい》にはたくさんの本《ほん》があります。そのなかでも、とくに多《おお》くの人《ひと》に読《よ》まれ、国《くに》や時代《じだい》をこえて、現在《げんざい》でも多《おお》くの人々《ひとびと》のこころをはげまし続《つづ》けている本《ほん》があります。このような本《ほん》を「名著《めいちょ》」といいます。名著《めいちょ》は、いってみれば世界《せかい》の人々《ひとびと》にとって共通《きょうつう》の財産《ざいさん》のようなものです。

わたしたちも、そんな名著《めいちょ》のことばから、生《い》きるためのヒントや勇気《ゆうき》をたくさんもらいました。そして考《かんが》えました。「そのなかには、いつか世《よ》の中《なか》に出《で》て行《い》くみなさんに役立《やくだ》つことばもきっとあるはず！」――この『超訳《ちょうやく》！ こども名著塾《めいちょじゅく》』は、そんな思《おも》いでつくった本《ほん》です。

ここにおさめた10の名著《めいちょ》は、日本《にほん》と世界《せかい》のたくさんの名著《めいちょ》から、みなさんにとくに知《し》ってもらいたいものを選《えら》んでいます。そして、それらの名著《めいちょ》から全部《ぜんぶ》で100のことばを選《えら》び、わかりやすい「超訳《ちょうやく》」で紹介《しょうかい》しています。

落《お》ち込《こ》んでいるとき、悩《なや》んでいるとき、新《あたら》しい世界《せかい》に踏《ふ》み出《だ》そうとしているとき……。みなさんが人生《じんせい》で出会《であ》うさまざまな場面《ばめん》で、この本《ほん》から、こころを前向《まえむ》きにしてくれることばを見《み》つけてくれたらと願《ねが》っています。

「超訳《ちょうやく》！ こども名著塾《めいちょじゅく》」編集委員会《へんしゅういいんかい》

この本《ほん》の読《よ》み方《かた》

『枕草子《まくらのそうし》』と『徒然草《つれづれぐさ》』には、さまざまな場面《ばめん》で、きみがどのように考《かん》え、
どのように行動《こうどう》すべきかのヒントが、たくさんつまっているよ。
ぜひくり返《かえ》し読《よ》んで、自分《じぶん》らしさをたいせつにして、人生《じんせい》をたのしむ生《い》き方《かた》を学《まな》ぼう。

作者《さくしゃ》のアドバイス
きみにおぼえておいてほしいポイントだよ。

超訳《ちょうやく》
ことばをわかりやすく説明《せつめい》したよ。ユニークなイラストと一緒《いっしょ》なら、ことばの理解《りかい》が深《ふか》まるはず。

役立《やくだ》つ場面《ばめん》
紹介《しょうかい》することばが役立《やくだ》つきみの状況《じょうきょう》や気《き》もちを紹介《しょうかい》しているよ。

自分《じぶん》らしさって？

「いいな」って感《かん》じる気《き》もちをたいせつにしよう。それが「自分《じぶん》らしさ」ってことだよ。

春《はる》はあけぼの。やうやう（よ）しろくなり行《ゆ》く、山《やま》ぎは（わ）すこしあかりて、むらさきだちたる雲《くも》のほそくたなびきたる。

空《そら》に浮《う》かんでるみたい！

クマのくも！

16
第1部　枕草子
自分《じぶん》の気《き》づきをたいせつに！

きみは、「個性《こせい》をだいじにしなさい」といわれたことはないかな。でも、考《かん》えてみるとなにが自分《じぶん》の個性《こせい》なのか、わからないこともあるよね。この『枕草子《まくらのそうし》』の最初《さいしょ》のことばが、個性《こせい》について考《かん》える手《て》がかりになるよ。

このとても有名《ゆうめい》なことばは、「春《はる》は夜《よる》が明《あ》けはじめるころが1番美《ばんうつく》しい」という意味《いみ》。意外《いがい》だけど、「私《わたし》は季節《きせつ》のなかでこの時間《じかん》が好《す》き」なんて文章《ぶんしょう》に書《か》いた人《ひと》は、それまでいなかったんだ。でも、清少納言《せいしょうなごん》せんせいは、個性的《こせいてき》だと思《おも》われようとして、このことばを書《か》いたわけではないよ。ただ、自分《じぶん》の好《す》きなものを挙《あ》げただけ。個性《こせい》とはまず、自分《じぶん》が「いいな」と感《かん》じているものに気《き》づくことなんだ。けっして個性的《こせいてき》に見《み》えるだれかの真似《まね》をすることではないんだね。

自分《じぶん》が「いいな」と感《かん》じたことは、個性《こせい》をつくるきっかけになる。それを磨《みが》き上《あ》げて、ほかの人《ひと》にも認《みと》められるものにできたとき、ほんとうの個性《こせい》が生《う》まれるんだ。

17

くわしい解説《かいせつ》
身近《みぢか》な出来事《できごと》などを例《れい》にしながら、ことばがどんなふうに役立《やくだ》つかを解説《かいせつ》しているよ。むずかしい場合《ばあい》はおとなの人《ひと》に聞《き》いてみよう。

原文《げんぶん》
もとの本《ほん》のことばだよ。声《こえ》に出《だ》して読《よ》んでみよう。

もくじ

第《だい》2部《ぶ》

徒然草《つれづれぐさ》 ― 人生《じんせい》っておもしろい！

名著《めいちょ》ものがたり

第《だい》1部《ぶ》

枕《まくらの》草《そう》子《し》

清《せい》少《しょう》納《な》言《ごん》

自《じ》分《ぶん》らしく
生《い》きよう!

平安時代《へいあんじだい》の中《なか》ごろ、
清少納言《せいしょうなごん》は宮中《きゅうちゅう》に仕《つか》えながら
身近《みぢか》に起《お》きた出来事《できごと》を、
『枕草子《まくらのそうし》』として書《か》き残《のこ》したよ。
その文章《ぶんしょう》が教《おし》えてくれるのは
自分《じぶん》の感《かん》じ方《かた》をたいせつにすること。
きみも、清少納言《せいしょうなごん》せんせいから、
自分《じぶん》らしい生《い》き方《かた》を学《まな》んでみよう！

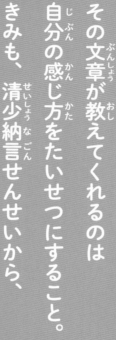

『枕《まくらの》草《そう》子《し》』ってどんな本《ほん》？

日本《にほん》で最初《さいしょ》に書《か》かれた随筆《ずいひつ》という文学作品《ぶんがくさくひん》だよ

『枕草子《まくらのそうし》』は、いまから1000年《ねん》ぐらい前《まえ》の平安時代《へいあんじだい》の中期《ちゅうき》、だいたい993年《ねん》ごろから1001年《ねん》ごろにかけて書《か》かれた本《ほん》だよ。作者《さくしゃ》は、清少納言《せいしょうなごん》という女性《じょせい》なんだ。

清少納言《せいしょうなごん》は、天皇《てんのう》の后《きさき》に仕《つか》えていたあいだの生《せい》活《かつ》をもとにして、『枕草子』を書いたよ。見聞《みき》きしたことや感《かん》じたことを、形《かたち》にとらわれずに書《か》いた文章《ぶんしょう》のことを「随筆《ずいひつ》」というけれど、『枕草子《まくらのそうし》』は、日本《にほん》で最初《さいしょ》の随筆《ずいひつ》といわれているんだ。

平安時代《へいあんじだい》には、女性《じょせい》による文学《ぶんがく》の傑作《けっさく》がいくつも生《う》まれた。なかでも『枕草子《まくらのそうし》』は、紫式部《むらさきしきぶ》が書《か》いた長編小説《ちょうへんしょうせつ》『源氏物語《げんじものがたり》』とともに、平安時代《へいあんじだい》の女性《じょせい》による代表的《だいひょうてき》な文学作品《ぶんがくさくひん》とされているんだ。

春《はる》はあけぼの
夏《なつ》はよる

きっかけは天皇《てんのう》の后《きさき》から もらった白《しろ》い紙《かみ》だったんだ

平安時代《へいあんじだい》の有力《ゆうりょく》な貴族《きぞく》は、自分《じぶん》の出世《しゅっせ》のために娘《むすめ》を天皇《てんのう》と結婚《けっこん》させようとしたよ。娘《むすめ》を宮中《きゅうちゅう》に送《おく》り込《こ》むと、天皇《てんのう》にふさわしい女性《じょせい》にするため、教養《きょうよう》のある女性《じょせい》を集《あつ》めて娘《むすめ》の身《み》のまわりの世話《せわ》をさせたり、教育係《きょういくがかり》や相談相手《そうだんあいて》をさせたりしたんだ。清少納言《せいしょうなごん》も、そうした女性《じょせい》たちの1人《ひとり》で、一《いち》条天皇《じょうてんのう》の后《きさき》（中宮《ちゅうぐう》）である定子《ていし》に仕《つか》えていたよ。

『枕草子《まくらのそうし》』には、その定子《ていし》から清少納言《せいしょうなごん》が白《しろ》い紙《かみ》をもらったのをきっかけに、この本《ほん》を書《か》きはじめたと書《か》いてあるよ。そのころ、白《しろ》い紙《かみ》はたいへん貴重《きちょう》なもの。感激《かんげき》した清少納言《せいしょうなごん》は、その紙《かみ》に見《み》聞《き》きしたことや感《かん》じたことを書《か》きためていき、それが『枕草子《まくらのそうし》』になったというんだ。

『清少納言《せいしょうなごん》』ってどんな人《ひと》？

祖父《そふ》や父《ちち》が有名《ゆうめい》な歌人《かじん》で和歌《わか》が得意《とくい》な家系《かけい》だったよ

『枕草子《まくらのそうし》』の作者《さくしゃ》として知《し》られている清少《せいしょう》納言《なごん》。じつは「清少納言《せいしょうなごん》」というのは、本名《ほんみょう》ではなく、清原氏《きよはらし》の少納言《しょうなごん》という意味《いみ》だよ。「少納言《しょうなごん》」は彼女《かのじょ》の宮中《きゅうちゅう》での呼《よ》び名《な》で、本名《ほんみょう》ははっきりとはわかっていないんだ。

清少納言《せいしょうなごん》は、９６６年《ねん》ごろ、清原元輔《きよはらもとすけ》という貴族《きぞく》の娘《むすめ》として生《う》まれたよ。元輔《もとすけ》は身分《みぶん》が高《たか》くない貴族《きぞく》だったけれど、和歌《わか》を詠《よ》む歌人《かじん》として有名《ゆうめい》だった。祖父《そふ》も有名《ゆうめい》な歌人《かじん》だよ。

ところが清少納言《せいしょうなごん》は、下手《へた》な和歌《わか》を詠《よ》むと家《いえ》の恥《はじ》になると思《おも》って、あまり和歌《わか》を詠《よ》みたがらなかったんだ。でも、清少納言《せいしょうなごん》の和歌《わか》は祖《そ》父《ふ》や父《ちち》と一緒《いっしょ》に、すぐれた歌《うた》を集《あつ》めた小倉百《おぐらひゃく》人一首《にんいっしゅ》のなかに選《えら》ばれているよ。

才能《さいのう》を発揮《はっき》して、天皇《てんのう》の后《きさき》のお気《き》に入《い》りになったんだ

清少納言《せいしょうなごん》が天皇《てんのう》の后《きさき》である中宮定子《ちゅうぐうていし》に仕《つか》えたのは28歳《さい》ごろ。清少納言《せいしょうなごん》は頭《あたま》の回転《かいてん》がはやくて、とくにそのころは女性《じょせい》があまり学《まな》べなかった漢文《かんぶん》にくわしかったから、定子《ていし》にたいへん気《き》に入《い》られたんだ。

清少納言《せいしょうなごん》は、華《はな》やかな宮中《きゅうちゅう》で定子《ていし》と幸《しあわ》せに過《す》ごしていたけれど、仕《つか》えるようになってから1年半《ねんはん》くらいで、定子《ていし》の父《ちち》が亡《な》くなり、それがきっかけで起《お》きた権力争《けんりょくあらそ》いのため、生活《せいかつ》は不安《ふあん》の多《おお》いものになってしまったよ。

それでも『枕草子《まくらのそうし》』に書《か》かれている定子《ていし》との思《おも》い出《で》は、明《あか》るく美《うつく》しいものばかり。清少納言《せいしょうなごん》は、宮中《きゅうちゅう》での定子《ていし》の姿《すがた》を、美《うつく》しいものとして書《か》き残《のこ》そうとしたんだ。

名著《めいちょ》ものがたり3

『清少納言《せいしょうなごん》』が生《い》きた時代《じだい》

藤原氏《ふじわらし》が大《おお》きな力《ちから》をもつようになったよ

清少納言《せいしょうなごん》が宮中《きゅうちゅう》で活躍《かつやく》した平安時代《へいあんじだい》の中《なか》ごろ、藤原氏《ふじわらし》という一族《いちぞく》が、政治《せいじ》のなかでだんだん大《おお》きな力《ちから》をもつようになっていたよ。藤原氏《ふじわらし》は娘《むすめ》を天皇《てんのう》と結婚《けっこん》させ、天皇《てんのう》の親戚《しんせき》となることで、大《おお》きな力《ちから》をふるうようになっていたんだ。

清少納言《せいしょうなごん》が仕《つか》えた中宮定子《ちゅうぐうていし》も藤原氏《ふじわらし》の出身《しゅっしん》。定子《ていし》の父《ちち》である藤原道隆《ふじわらのみちたか》は、その立場《たちば》を利用《りよう》して、天皇《てんのう》に代《か》わって政治《せいじ》をおこなっていたんだ。

道隆《みちたか》が亡《な》くなると、藤原氏《ふじわらし》のなかではげしい権力争《けんりょくあらそ》いが起《お》きたよ。定子《ていし》の兄《あに》の藤原伊周《ふじわらのこれちか》と、おじである藤原道長《ふじわらのみちなが》が対立《たいりつ》するようになったんだ。天皇《てんのう》の后《きさき》となって幸《しあわ》せな生活《せいかつ》を送《おく》っていた定子《ていし》も、その争《あらそ》いに巻《ま》き込《こ》まれてしまうんだ。

藤原氏《ふじわらし》どうしの争《あらそ》いの結果《けっか》、天皇《てんのう》の后《きさき》が2人《ふたり》になったんだ

藤原氏《ふじわらし》どうしのはげしい権力争《けんりょくあらそ》いに、兄《あに》の藤原伊周《ふじわらのこれちか》が敗《やぶ》れると、定子《ていし》の立場《たちば》は弱《よわ》くなってしまったよ。清少納言《せいしょうなごん》は、そんな定子《ていし》をそばで支《ささ》えていたけれど、定子《ていし》は一時《いちじ》、宮中《きゅうちゅう》から出《で》て出家《しゅっけ》してしまうんだ。

権力争《けんりょくあらそ》いに勝《か》ち残《のこ》った藤原道長《ふじわらのみちなが》は、自分《じぶん》の娘《むすめ》である彰子《しょうし》を、強引《ごういん》に一条天皇《いちじょうてんのう》の后《きさき》にしたんだ。この彰子《しょうし》に仕《つか》えた女性《じょせい》が、長編小説《ちょうへんしょうせつ》『源氏物語《げんじものがたり》』の作者《さくしゃ》として有名《ゆうめい》な紫式部《むらさきしきぶ》だよ。

一条天皇《いちじょうてんのう》は、定子《ていし》と彰子《しょうし》の2人《ふたり》の正式《せいしき》な后《きさき》をもつことになったけれど、その年《とし》に定子《ていし》が24歳《さい》で亡《な》くなり、清少納言《せいしょうなごん》も宮仕《みやづか》えを止《や》めたとみられているんだ。

つぎのページからことばの紹介《しょうかい》がはじまるよ。

自分《じぶん》らしさって？

「いいな」って感《かん》じる気《き》もちをたいせつにしよう。それが「自分《じぶん》らしさ」ってことだよ。

春《はる》はあけぼの。やう《（よ）》やう《（よ）》しろくなり行《ゆ》く、山《やま》ぎは《（わ）》すこしあかりて、むらさきだちたる雲《くも》のほそくたなびきたる。

自分《じぶん》の気《き》づきをたいせつに！

きみは、「個性《こせい》をだいじにしなさい」といわれたことはないかな。でも、考《かんが》えてみるとなにが自分《じぶん》の個性《こせい》なのか、わからないこともあるよね。この『枕草子《まくらのそうし》』の最初《さいしょ》のことばが、個性《こせい》について考《かんが》える手《て》がかりになるよ。

このとても有名《ゆうめい》なことばは、「春《はる》は夜《よる》が明《あ》けはじめるころが1番《ばん》美《うつく》しい」という意味《いみ》。意外《いがい》だけど、「私《わたし》は季《き》節《せつ》のなかでこの時間《じかん》が好《す》き」なんて文章《ぶんしょう》に書《か》いた人《ひと》は、それまでいなかったんだ。でも、清少納言《せいしょうなごん》せんせいは、個性的《こせいてき》だと思《おも》われようとして、このことばを書《か》いたわけではないよ。ただ、自分《じぶん》の好《す》きなものを挙《あ》げただけ。個《こ》性《せい》とはまず、自分《じぶん》が「いいな」と感《かん》じているものに気《き》づくことなんだ。けっして個性的《こせいてき》に見《み》えるだれかの真似《まね》をすることではないんだね。

自分《じぶん》が「いいな」と感《かん》じたことは、個性《こせい》をつくるきっかけになる。それを磨《みが》き上《あ》げて、ほかの人《ひと》にも認《みと》められるものにできたとき、ほんとうの個性《こせい》が生《う》まれるんだ。

自分《じぶん》らしく生《い》きたい！

好《す》きなことを
見《み》つけよう！
ピンチのときも
それが自分《じぶん》を
支《ささ》えてくれるよ。

……ただの紙《かみ》のいと白《しろ》うきよげなるに、よき筆《ふで》、白《しろ》き色紙《しきし》、みちのくに紙《がみ》など得《え》つれば、こよな（の）うなぐさみて、さは（あ）れ、かくてしばしも生《い》きてありぬべかん（ん）めりとなむおぼゆる。

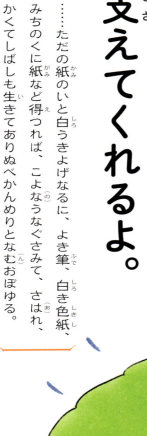

好《す》きなことは自分《じぶん》の人生《じんせい》の味方《みかた》になる！

「自分《じぶん》らしく生《い》きたい」――それはだれもが思《おも》うこと。自分《じぶん》らしく生《い》きるヒントがつまった『枕草子《まくらのそうし》』は、そのためにどうすればいいか教《おし》えてくれるよ。

　清少納言《せいしょうなごん》せんせいは、「落《お》ち込《こ》んだときでも、白《しろ》い紙《かみ》や上等《じょうとう》な筆《ふで》を手《て》に入《い》れることができれば、こころが落《お》ち着《つ》き、なんとかなると思《おも》い直《なお》すことができる」といっているよ。それぐらい「書《か》く」ことが好《す》きだったんだね。

　きみにも、「これさえあれば立《た》ち直《なお》れる」というほど好《す》きなことがあるかな。もしあったら、とてもだいじにしたほうがいいんだ。人生《じんせい》で壁《かべ》にぶつかったとき、突破《とっぱ》するきっかけを、「好《す》きなこと」が与《あた》えてくれることは少《すく》なくないよ。新《あたら》しい友《とも》だちや知《し》り合《あ》いも、好《す》きなことを通《つう》じてなら、すぐつくれるよね。

　好《す》きなことは、きみの人生《じんせい》の強力《きょうりょく》な味方《みかた》。好《す》きなことを見《み》つけてだいじにすることで、きみは自分《じぶん》らしく生《い》きることができるんだ。

自分《じぶん》のことがわからない…

好《す》きなもの
嫌《きら》いなもの
よく考《かんが》えてみよう。
自分《じぶん》を知《し》る
第《だい》一《いっ》歩《ぽ》になるよ。

なにもなにも、
ちひ《(い)》さきものはみなうつくし。

「好《す》き」「嫌《きら》い」の共通点《きょうつうてん》を知《し》ろう！

きみは自分《じぶん》のことを、どんな人《ひと》だと思《おも》っているかな？自分《じぶん》のことを知《し》るのはけっこうむずかしい。でも『枕草子《まくらのそうし》』は、そのヒントを教《おし》えてくれるよ。

『枕草子《まくらのそうし》』には、清少納言《せいしょうなごん》せんせいが「うつくし」、つまりいまの言《い》い方《かた》で「かわいらしい」と思《おも》うものが、たくさん挙《あ》げられているよ。そして、それらには「小《ちい》さい」という共通点《きょうつうてん》があるんだ。清少納言《せいしょうなごん》せんせいは、小《ちい》さいものがかわいらしく思《おも》えてたんだね。

こんなふうに、きみも好《す》きなことや嫌《きら》いなことなどを思《おも》い起《お》こしてみて、そこにどんな共通点《きょうつうてん》があるか考《かんが》えてみよう。きっと、自分《じぶん》でも気《き》づいてなかった、新《あたら》しい発見《はっけん》があるよ。同《おな》じことを友《とも》だちにやってもらって、お互《たが》いの「好《す》き」「嫌《きら》い」をくらべてみるのもいい。どんな人《ひと》なのか、お互《たが》いに理解《りかい》し合《あ》うことができるからね。

「好《す》き」「嫌《きら》い」を並《なら》べると、自分《じぶん》を客観的《きゃっかんてき》に見《み》つめることができる。それは新《あたら》しい自分《じぶん》の発見《はっけん》につながるよ。

他人《たにん》の意見《いけん》が気《き》になる…

他人《たにん》の意見《いけん》を
気《き》にする前《まえ》に
まず自分《じぶん》は
どう思《おも》うのか、
それがだいじ。

されど、人《ひと》をば知《し》らじ、
ただ心地《ここち》にさおぼゆるなり。

まず自分《じぶん》の意見《いけん》をもとう！

人《ひと》の意見《いけん》に引《ひ》っ張《ぱ》られてなんとなく賛成《さんせい》したり、反対《はんたい》したりしてしまい、その結果《けっか》、納得《なっとく》できない感《かん》じが残《のこ》ってしまった。もしきみに、そんな経験《けいけん》があったなら、このことばについて考《かんが》えてほしい。

清少納言《せいしょうなごん》せんせいは、「ほかの人《ひと》がどう思《おも》うかは知《し》らないけれど、わたし自身《じしん》はこう思《おも》う」といっているよ。自分《じぶん》が感《かん》じた「よい」「わるい」をだいじにしていたんだね。人《ひと》の意見《いけん》というものは、自分《じぶん》の意見《いけん》とはちがっていて当然《とうぜん》。そう思《おも》えば、自分《じぶん》の意見《いけん》に賛成《さんせい》してもらえないことをおそれることはなくなるよ。だいじなのは自分《じぶん》なりに、ものごとのよい・わるいを判断《はんだん》することなんだ。

自分《じぶん》の意見《いけん》をもつことは、めんどうなこと。ちがう意《い》見《けん》の人《ひと》と話《はな》し合《あ》わなくてはならないこともあるからね。でも、そうすることで、ちがう意見《いけん》の人《ひと》の考《かんが》えを知《し》ることもできるんだ。まず、きちんと自分《じぶん》の意見《いけん》をもつこと。それが、きみを成長《せいちょう》させることにつながるんだ。

1番《ばん》気《き》をつけたいこととは?

ことばづかいは、話《はな》す人《ひと》そのもの。話《はな》し方《かた》次第《しだい》で、上品《じょうひん》にも下品《げひん》にもなるものだよ。

ふと心《こころ》おとりとかするものは、男《おとこ》も女《おんな》もことばの文字《もじ》いやしう遣《つか(い)》ひたるこそ、よろづのことよりまさりてわろけれ。

ことばづかいは人《ひと》の印象《いんしょう》を左右《さゆう》する！

自分《じぶん》のことを誤解《ごかい》されるのはいやなもの。できれば、相手《あいて》に正《ただ》しく伝《つた》わってほしいよね。相手《あいて》に自分《じぶん》のことを伝《つた》えるためにだいじなのが、会話《かいわ》だよ。『枕草子《まくらのそうし》』から、会話《かいわ》のときの注意点《ちゅういてん》を学《まな》んでみよう。

清少納言《せいしょうなごん》せんせいは、とてもわるいこととして、会話《かいわ》のことばづかいが下品《げひん》なことを挙《あ》げているよ。さらに、ことばづかいそのものより、相手《あいて》やその場《ば》の雰囲気《ふんいき》を考《かんが》えてしゃべっているかどうかがだいじだと考《かんが》えていたよ。相手《あいて》に気《き》を使《つか》っているかどうかで、与《あた》える印象《いんしょう》は大《おお》きく変《か》わってくるからね。相手《あいて》が友《とも》だちか、目上《めうえ》の人《ひと》か。あらたまった場所《ばしょ》か、くつろいでいい場所《ばしょ》か。それを意識《いしき》すれば、ことばづかいも変《か》わってくるはず。

きみがどんな思《おも》いをもっていても、思《おも》うだけでは伝《つた》わらないよ。会話《かいわ》はきみの印象《いんしょう》を決《き》めるたいせつなポイント。しゃべったことを通《とお》して、相手《あいて》はきみがどんな人間《にんげん》なのかを判断《はんだん》するんだ。それを忘《わす》れないようにしよう。

もっと知《し》りたい!!

宮中《きゅうちゅう》で話題《わだい》！『枕草子《まくらのそうし》』

宮中《きゅうちゅう》で回《まわ》し読《よ》みされおもしろいと大評判《だいひょうばん》に

『枕草子《まくらのそうし》』は、およそ300あまりの文章《ぶんしょう》をまとめたものだけど、最初《さいしょ》は一冊《いっさつ》の本《ほん》のようなまとまった形《かたち》ではなかったんだ。

『枕草子《まくらのそうし》』によれば、ある日《ひ》、清少納言《せいしょうなごん》のもとを訪《おとず》れた貴族《きぞく》の男性《だんせい》が、文章《ぶんしょう》を書《か》いた紙《かみ》を見《み》つけ、もち帰《かえ》ってしまった。もち帰《かえ》られた紙《かみ》は宮中《きゅうちゅう》で回《まわ》し読《よ》みされて、清少納言《せいしょうなごん》が書《か》く文章《ぶんしょう》はおもしろいという評判《ひょうばん》になり、また別《べつ》の文章《ぶんしょう》を期待《きたい》されるようになったというんだ。

それから清少納言《せいしょうなごん》は、自分《じぶん》の体験《たいけん》や宮中《きゅうちゅう》の出《で》来事《きごと》に対《たい》する感想《かんそう》、自然《しぜん》の美《うつく》しさなど、自分《じぶん》が感《かん》じたさまざまなことをつぎつぎと紙《かみ》に書《か》いて、発《はっ》表《ぴょう》していったんだね。

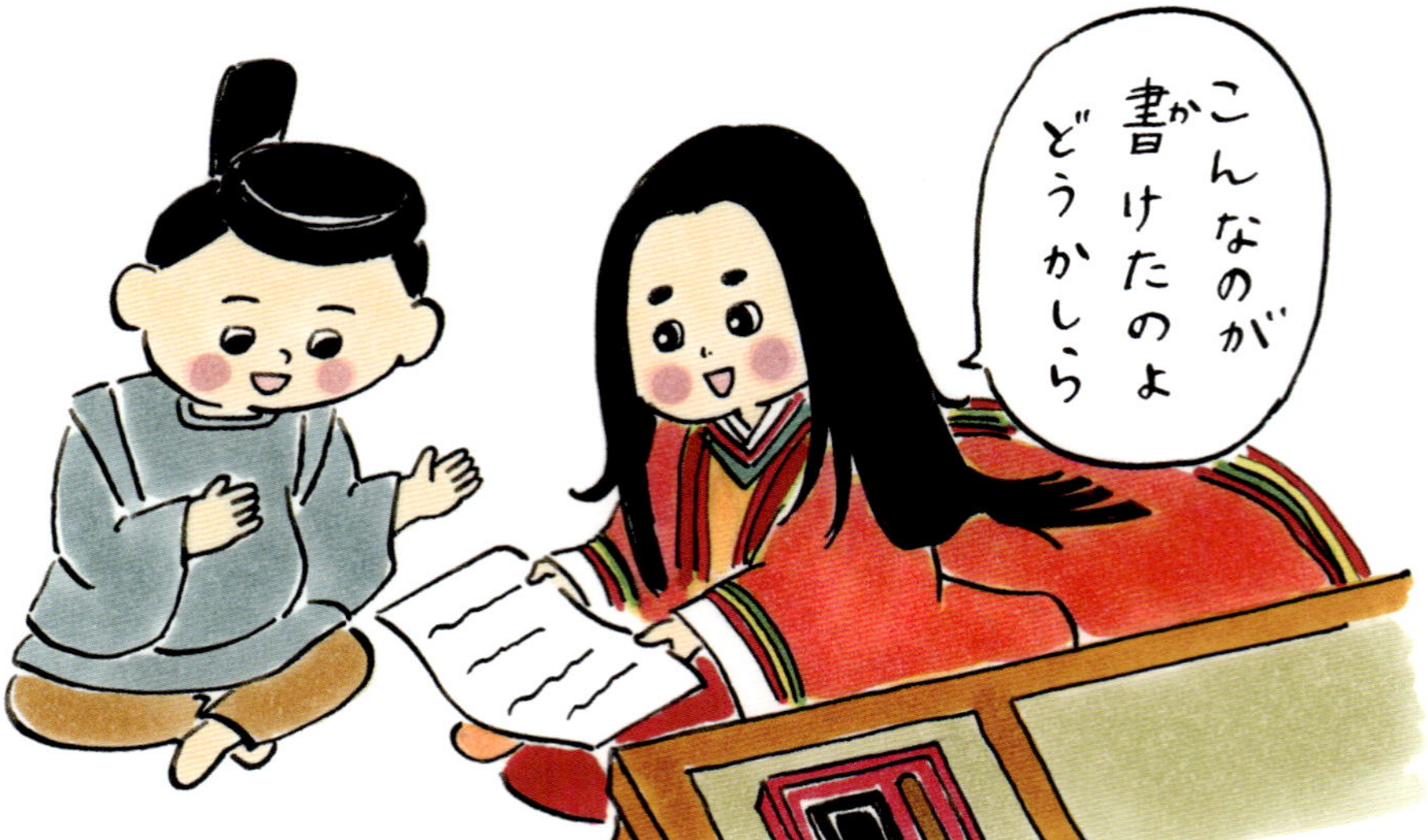

紫式部《むらさきしきぶ》に悪口《わるくち》を書《か》かれている!?

平安時代《へいあんじだい》の女性文学者《じょせいぶんがくしゃ》の代表《だいひょう》とされている清少納言《せいしょうなごん》と紫式部《むらさきしきぶ》。清少納言《せいしょうなごん》は一条《いちじょう》天皇《てんのう》の后《きさき》であった定子《ていし》に仕《つか》えて、大《おお》きな信頼《しんらい》を得《え》ていた。いっぽう、紫式部《むらさきしきぶ》は、定子《ていし》と同《おな》じ一条天皇《いちじょうてんのう》の后《きさき》となった彰子《しょうし》に仕《つか》えたんだ。仕《つか》えた后《きさき》どうしがライバル関係《かんけい》にあったんだね。

じつはこの紫式部《むらさきしきぶ》、自分《じぶん》の日記《にっき》に清少《せいしょう》納言《なごん》についての悪口《わるくち》を書《か》いているんだ。清《せい》少納言《しょうなごん》のことを、「漢字《かんじ》をたくさん書《か》いているけれど、その実力《じつりょく》はたいしたことがない」なんて書《か》いているよ。でも、紫式部《むらさきしきぶ》の『源氏物語《げんじものがたり》』には、『枕草子《まくらのそうし》』を参考《さんこう》にしたと思《おも》われる箇所《かしょ》があるんだ。悪口《わるくち》を書《か》いていながらも、紫式部《むらさきしきぶ》は、清少納言《せいしょうなごん》の文章《ぶんしょう》を認《みと》めていたんだね。

かっこいいふるまいとは？

自分《じぶん》の都合《つごう》だけで
行動《こうどう》しない。
相手《あいて》の気《き》もちを
考《かんが》えることが
マナーの基本《きほん》。

にくきもの　いそぐ事《こと》ある　を《（お）》りに
きてながごとするまら《（ろ）》うど。

相手《あいて》の立場《たちば》で自分《じぶん》の行動《こうどう》を冷静《れいせい》にチェック！

マナーがよくてかっこいいふるまいができれば、相手《あいて》によい印象《いんしょう》を与《あた》えるし、ものごともうまくいくよね。よい印象《いんしょう》を与《あた》えるふるまいは、マナーの第一歩《だいいっぽ》。でも、どうしたらそんなふうにできるんだろう。

『枕草子《まくらのそうし》』には、マナーを守《まも》らない人《ひと》たちのことが、いろいろ挙《あ》げられているよ。たとえば、「急《いそ》いでいるときにやって来《き》て、長話《ながばなし》をする客《きゃく》は気《き》に入《い》らない」といっている。きみだって自分《じぶん》に時間《じかん》がないときに、相手《あいて》が興味《きょうみ》のないことを話《はな》し続《つづ》けていたら、そのうちにイライラしてきてしまうよね。相手《あいて》のことを忘《わす》れた、緊張感《きんちょうかん》のないふるまいは、人《ひと》にわるい印象《いんしょう》を与《あた》えてしまうんだ。

マナーのコツは、自分《じぶん》の行動《こうどう》を、相手《あいて》の立場《たちば》から考《かんが》えてみること。「自分《じぶん》のふるまいや行動《こうどう》は、どう見《み》られているかな」といつも気《き》にかける習慣《しゅうかん》をつけてみよう。そうすれば、特別《とくべつ》にマナーの勉強《べんきょう》をしなくても、きみはとてもかっこいいふるまいをできる人《ひと》になれるんだ。

自分《じぶん》で決《き》めたことなら
覚悟《かくご》しよう。
困難《こんなん》があっても
逃《に》げないこころがだいじ。

あぢきなきもの　わざと思《おも(い)》ひ立《た》ちて宮仕《みやづかえ》に出《い》で立《た》ちたる人《ひと》の、物憂《ものう》がり、うるさげに思《おも(い)》ひたる。

逃《に》げないで、まず精一杯《せいいっぱい》の努力《どりょく》！

きみには、将来《しょうらい》つきたいあこがれの職業《しょくぎょう》があるかな。将来《しょうらい》の職業《しょくぎょう》でなくても、いつかやってみたいスポーツや習《なら》いごとならあるよね。でも、おぼえておいてほしいことがある。外《そと》からは華《はな》やかに見《み》えても、やっている人《ひと》はたいへんな苦労《くろう》をしていることってけっこう多《おお》いんだ。

清少納言《せいしょうなごん》せんせいは、「自分《じぶん》が望《のぞ》んで宮中《きゅうちゅう》の仕事《しごと》についたのに、実際《じっさい》にやってみて、いやになっている様子《ようす》はみっともない」といっているよ。宮中《きゅうちゅう》の仕事《しごと》は華《はな》やかに見《み》えるけど、じつはきびしい。貴族《きぞく》たちの権力争《けんりょくあらそ》いなど複雑《ふくざつ》な人間関係《にんげんかんけい》がいやになって、逃《に》げだす人《ひと》もいたんだって。でも、その場《ば》の人間関係《にんげんかんけい》を理由《りゆう》に逃《に》げだしても、覚悟《かくご》を決《き》めていなければ、同《おな》じことのくり返《かえ》しになってしまう。人《ひと》と人《ひと》との関係《かんけい》はどこにでもあるからね。

逃《に》げることはいつでもできる。だから覚悟《かくご》を決《き》めて、まずそこでやっていく努力《どりょく》を、できるところまでしてみよう。それはきっときみの力《ちから》になるからね。

やりがいってなに？

緊張感《きんちょうかん》のなかで力《ちから》を発揮《はっき》してみよう。大《おお》きな喜《よろこ》びにつながるよ。

はづかしき人《ひと》の、歌《うた》の本末《もとすえ》問《と》ひ《（い）》たるに、
ふとおぼえたる、我《われ》ながらうれし。

プレッシャーを前向《まえむ》きに受《う》け止《と》めよう！

テストや試合《しあい》で、緊張感《きんちょうかん》やプレッシャーがあると、なかなか実力《じつりょく》を発揮《はっき》できない。でもそうした状態《じょうたい》を乗《の》りこえて実力《じつりょく》が出《だ》せたときは、とてもうれしくなるよね。

『枕草子《まくらのそうし》』の時代《じだい》は、和歌《わか》の知識《ちしき》がその人《ひと》の評価《ひょうか》を左右《さゆう》する重要《じゅうよう》なものだったよ。だから、清少納言《せいしょうなごん》せんせいは、「自分《じぶん》の尊敬《そんけい》する人《ひと》から和歌《わか》の上《かみ》の句《く》や下《しも》の句《く》をたずねられ、すぐに答《こた》えられたときは、とてもうれしい」といっているんだ。

緊張感《きんちょうかん》やプレッシャーは邪魔《じゃま》なもののように思《おも》えるけど、まったくなかったらどうだろう。楽《らく》かもしれないけど、やりがいやうまくできたときの喜《よろこ》びが減《へ》ってしまうんじゃないかな。それに、緊張感《きんちょうかん》やプレッシャーのなかで結果《けっか》を出《だ》せたら、きみの自信《じしん》にもつながるよ。

緊張感《きんちょうかん》やプレッシャーは、邪魔《じゃま》なものではなくて、自分《じぶん》の成長《せいちょう》を助《たす》けてくれるものだと考《かんが》えよう。そうすれば、うまくつき合《あ》っていくことができるんだ。

ほんとうに役《やく》に立《た》つ人《ひと》とは？

自分《じぶん》はなにを期待《きたい》されているか。きちんと考《かんが》えて動《うご》ければ最高《さいこう》。

……「少納言《しょうなごん》よ、香爐峯《こうろほう》の雪《ゆき》いかならん」と仰《おお》せらるれば、御格子《みこうし》あげさせて、御簾《みす》を高《たか》くあげたれば、わらは《（わ）》せ給《たま》ふ《（う）》。

一《いち》を聞《き》いて、十《じゅう》動《うご》けるようになってみよう！

まわりから「できる人《ひと》」と思《おも》われている人《ひと》と、そうでない人《ひと》のちがい。きみには、それがどんなところにあるかわかるかな。『枕草子《まくらのそうし》』にあるこのことばから、そのちがいを学《まな》んでみよう。

雪《ゆき》が積《つ》もった日《ひ》の室内《しつない》で、中宮定子《ちゅうぐうていし》が、「香炉峰《こうろほう》の雪《ゆき》はどんな具合《ぐあい》ですか」と問《と》いかけたよ。みんながとまどっているなかで、清少納言《せいしょうなごん》せんせいは部屋《へや》の御簾《みす》を巻《ま》き上《あ》げ、雪景色《ゆきげしき》が見《み》えるようにしたというんだ。定子《ていし》のなぞなぞのような問《と》いかけは、中国《ちゅうごく》の詩《し》（※）にちなんだもの。これは、「すべてを聞《き》かなくても自分《じぶん》はなにを期《き》待《たい》されているかを察《さっ》して行動《こうどう》する」という例《れい》なんだ。

「いわれたことだけやればいいや」という気《き》もちでいたら、「できる人《ひと》」にはなれないよ。まわりの状況《じょうきょう》を読《よ》んで、そのなかで自分《じぶん》がなにをするのがよいか、いつも考《かんが》える。そんな習慣《しゅうかん》をつけてみよう。そうすれば、きみも「できる人《ひと》」に近《ちか》づいていくんだ。

※「香炉峰《こうろほう》」は山《やま》の名前《なまえ》。定子《ていし》の問《と》いかけは中国《ちゅうごく》の詩人《しじん》・白楽天《はくらくてん》の詩《し》の一節《いっせつ》「香爐峰《こうろほう》ノ雪《ゆき》ハ簾《すだれ》ヲ撥《かか》ゲテ看《み》ル」をふまえている。

自分《じぶん》を成長《せいちょう》させるひけつって？

理想《りそう》の人《ひと》に
近《ちか》づきたい。
その気《き》もちは
成長《せいちょう》するための
エネルギー。

第一《だいいち》の人《ひと》に、また一《いち》に
思《おも(わ)》はれんとこそ思《おも(わ)》はめ……

理想《りそう》の人《ひと》に信頼《しんらい》されるよう、自分《じぶん》を磨《みが》こう！

きみにとって、理想《りそう》の人《ひと》やあこがれの人物《じんぶつ》とはどんな人《ひと》かな。「自分《じぶん》もその人《ひと》に近《ちか》づこう」と思《おも》って努力《どりょく》しているかな。それとも、理想《りそう》はあくまでもあこがれで、近《ちか》づくための努力《どりょく》はあきらめてしまっているかな。

『枕草子《まくらのそうし》』には、「1番《ばん》すてきだと思《おも》っている人《ひと》から、もっとも深《ふか》く思《おも》われるようにするのがよいでしょう」という中宮定子《ちゅうぐうていし》のことばがあるよ。これは、「自分《じぶん》にとって1番《ばん》の理想《りそう》の人《ひと》からもっとも信頼《しんらい》されるように、自分《じぶん》を磨《みが》きなさい」という意味《いみ》なんだ。

もちろん理想《りそう》ばかり高《たか》くなって、自分《じぶん》の現実《げんじつ》が見《み》えなくなってしまってはいけないよ。でも、自分《じぶん》にとって理《り》想《そう》の人《ひと》を選《えら》び、その人《ひと》を鏡《かがみ》にして自分《じぶん》の姿《すがた》を映《うつ》してみれば、足《た》りないところが見《み》えてくるんだ。そこをおぎなっていく努力《どりょく》をするなら、理想《りそう》の人《ひと》へのあこがれは、きみの成長《せいちょう》を大《おお》きく助《たす》けてくれるよ。まずきみにとって1番《ばん》理想《りそう》の人《ひと》に信頼《しんらい》されるよう、自分《じぶん》を磨《みが》こう！

もっと教《おし》えて!! 清少納言《せいしょうなごん》せんせい

清少納言《せいしょうなごん》せんせいが『枕草子《まくらのそうし》』で教《おし》えてくれるのは、自分《じぶん》で感《かん》じたこと、考《かんが》えたことをたいせつにするということ。また、生活《せいかつ》をたのしくするコツや、相手《あいて》に不快《ふかい》な思《おも》いをさせないひけつも教《おし》えてくれるよ。もっと清少納言《せいしょうなごん》せんせいに学《まな》ぼう！

いいことを聞《き》いちゃった！

人《ひと》から聞《き》いた話《はなし》を
得意《とくい》になってしゃべる。
そんな態度《たいど》は
トラブルのもとだよ。

……わづかに聞《き》きえたることをば、
我《われ》もとよりしりたることのやう（よ）に、
こと人《ひと》にもかたりしらぶるも
いとにくし。

毎日《まいにち》をたのしく過《す》ごすには？

ほんのりと
いい香《かお》りがする衣服《いふく》は
うれしいもの。
ちょっとした工夫《くふう》で
生活《せいかつ》はたのしくなるよ。

……煙《けむり》の残《のこ》りたるは、
ただいまの香《か》よりもめでたし。

こころがしずんでいるときは？

ユーモアがあって
その場《ば》をたのしく
できる人《ひと》がいれば、
しずんでいるこころも
やわらぐよ。

つれづれなぐさむもの……
男《おとこ》などのうちさるがひ（い）、
ものよくいふ（う）が来《き》たるを、
物忌《ものいみ》なれど入《い》れつかし。

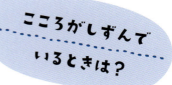

うわさになっているみたい…

人《ひと》はうわさ話《ばなし》が好《す》きなもの。自分《じぶん》のうわさ話《ばなし》を聞《き》いても気《き》にしないでおこう。

人《ひと》のうへ《(え)》いふ《(う)》を腹立《はらだ》つ人《ひと》こそいとわりなけれ。

ほんとうに思《おも》いやりのある人《ひと》って？

かげで思《おも》いやりのことばをいってくれる人《ひと》は、こころの支《ささ》えになる人《ひと》だよ。

……いとほ《(お)》しきことをば「いとほ《(お)》し」とも、あは《(わ)》れなるをば「げにいかに思《おも》ふ《(う)》らん」などい《(い)》ひけるを、傳《つた》へ《(え)》て聞《き》きたるは、さし向《むか》ひ《(い)》ていふ《(う)》よりもうれし。

将来《しょうらい》のためにやるべきことは？

ほかの人《ひと》とかかわってこそ人間《にんげん》は成長《せいちょう》する。自分《じぶん》からすすんで人《ひと》とかかわり、いろいろな経験《けいけん》をしてみよう。

……なほ《(お)》さりぬべからん人《ひと》のむすめなどは、さしまじらは《(わ)》せ、世《よ》のありさまも見《み》せならは《(わ)》さまほしう、……

＊この本《ほん》で紹介《しょうかい》している文章《ぶんしょう》は、『枕草子《まくらのそうし》』（池田亀鑑校訂《いけだきかんこうてい》、岩波文庫《いわなみぶんこ》）を参照《さんしょう》しました。

第《だい》2部《ぶ》

徒《つれ》然《づれ》草《ぐさ》

人生《じんせい》って
おもしろい！

兼《けん》好《こう》法《ほう》師《し》

鎌倉時代《かまくらじだい》の終《お》わりごろ、
争《あらそ》いが絶《た》えない不安定《ふあんてい》な時代《じだい》に
まわりに流《なが》されずに生《い》きた
兼好法師《けんこうほうし》。『徒然草《つれづれぐさ》』に、
自分《じぶん》が観察《かんさつ》した世《よ》の中《なか》の出来事《できごと》や
人生《じんせい》の味《あじ》わい深《ぶか》さを書《か》き残《のこ》したよ。
きみも兼好《けんこう》せんせいから、
人生《じんせい》のおもしろさを教《おし》えてもらおう！

『徒然草《つれづれぐさ》』ってどんな本《ほん》？

数百年間《すうひゃくねんかん》埋《う》もれていた、随筆《ずいひつ》の名作《めいさく》だよ

『徒然草《つれづれぐさ》』は、いまから700年《ねん》ぐらい前《まえ》に書《か》かれた本《ほん》。いつ書《か》かれたのか、はっきりとはわかっていないけれど、鎌倉時代《かまくらじだい》の終《お》わりの1330年《ねん》ごろに書《か》き上《あ》げられたという説《せつ》が有力《ゆうりょく》だよ。作者《さくしゃ》は兼好法師《けんこうほうし》。法師《ほうし》とは、出家《しゅっけ》した人《ひと》という意味《いみ》なんだ。

『徒然草《つれづれぐさ》』は、人生《じんせい》のおもしろさを教《おし》えてくれる本《ほん》。作者《さくしゃ》が見聞《みき》きしたことや感《かん》じたことを自由《じゆう》に書《か》いた、随筆《ずいひつ》と呼《よ》ばれる文章《ぶんしょう》だよ。清少納言《せいしょうなごん》の『枕草子《まくらのそうし》』や、鴨長明《かものちょうめい》の『方丈記《ほうじょうき》』とともに「日本《にほん》の三大随筆《さんだいずいひつ》」といわれることもある。でも、書《か》かれたころはほとんど知《し》られていなかったんだ。有名《ゆうめい》になったのは江戸時代《えどじだい》になってからだよ。

軽《かろ》やかな文章《ぶんしょう》で、多彩《たさい》な話題《わだい》が書《か》かれているんだ

『徒然草《つれづれぐさ》』には、兼好法師《けんこうほうし》が見《み》たり聞《き》いたりしたことを書《か》きとめた、全部《ぜんぶ》で244の文章《ぶんしょう》がおさめられているよ。

題名《だいめい》は、最初《さいしょ》にある「つれづれなるままに、日《ひ》くらし、硯《すずり》にむかひ《（い）》て」という文《ぶん》に由《ゆ》来《らい》しているよ。これは「することがなくて退《たい》屈《くつ》なまま、一日《いちにち》を過《す》ごし、硯《すずり》に向《む》かって」という意味《いみ》。つまり、暇《ひま》をもてあまし、こころに浮《う》かぶことを書《か》いたのが、『徒然草《つれづれぐさ》』なんだ。『徒然草《つれづれぐさ》』は、季節《きせつ》のことや、名人《めいじん》に聞《き》いたものごとの極意《ごくい》、身近《みぢか》で聞《き》いたおもしろい話《はなし》などが、思《おも》いつくままに軽《かろ》やかな文章《ぶんしょう》で書《か》かれていて、人生《じんせい》の味《あじ》わい深《ぶか》さを教《おし》えてくれるんだ。

『兼好法師《けんこうほうし》』ってどんな人《ひと》？

神社《じんじゃ》に仕《つか》える家柄《いえがら》だったけど家《いえ》は継《つ》がなかったよ

兼好法師《けんこうほうし》の生《う》まれた年《とし》や亡《な》くなった年《とし》は、正確《せいかく》にはわかっていないよ。生《う》まれたのは１２８３年《ねん》ごろ、亡《な》くなったのは１３５２年《ねん》から数年《すうねん》のあいだではないかといわれているんだ。だいたい鎌倉時代《かまくらじだい》の終《お》わりから室町時代《むろまちじだい》のはじめごろまで生《い》きて、70歳《さい》ぐらいで亡《な》くなった人《ひと》なんだ。

兼好《けんこう》は、あまり身分《みぶん》の高《たか》くない貴族《きぞく》として生《う》まれたよ。本名《ほんみょう》は卜部兼好《うらべかねよし》。「卜《うら》」は占《うらな》いという意味《いみ》の漢字《かんじ》だよ。神社《じんじゃ》に仕《つか》えて占《うらな》いの仕事《しごと》をする家系《けい》なんだけど、長男《ちょうなん》ではなかったためか家《いえ》は継《つ》がなかったよ。

20歳前後《さいぜんご》で宮中《きゅうちゅう》に入《はい》って、天皇《てんのう》の秘書的《ひしょてき》な仕事《しごと》や警護《けいご》を担《にな》う仕事《しごと》をしていたんだ。

30歳《さい》前後《ぜんご》で突然《とつぜん》出家《しゅっけ》し、僧《そう》になったんだ

兼好法師《けんこうほうし》は、働《はたら》いていた役所《やくしょ》では2番目《ばんめ》に地位《ちい》が高《たか》い役職《やくしょく》だったよ。そんな高《たか》い地位《ちい》だったのに、30歳前後《さいぜんご》で突然出家《とつぜんしゅっけ》して僧《そう》になり、兼好法師《けんこうほうし》と呼《よ》ばれるようになったんだ。出家《しゅっけ》した理由《りゆう》は、よくわかっていないよ。

兼好《けんこう》は、出家《しゅっけ》したけれど、どこの宗派《しゅうは》にもお寺《てら》にも属《ぞく》していなかった。きまった収入《しゅうにゅう》もなく、妻《つま》もこどももいない。でも和歌《わか》の才能《さいのう》があり、兼好《けんこう》が属《ぞく》した和歌《わか》のグループでは、この時代《じだい》の「和歌四《わかし》天王《てんのう》」の1人《ひとり》とされているよ。兼好《けんこう》は、出家《しゅっけ》して世《よ》の中《なか》から少《すこ》し離《はな》れて生活《せいかつ》し、ものごとにとらわれない自由《じゆう》な立場《たちば》から、いろいろな出来事《できごと》を見《み》つめていたんだ。

『兼好法師《けんこうほうし》』が生《い》きた時代《じだい》

鎌倉幕府《かまくらばくふ》が滅《ほろ》び 長《なが》い戦乱《せんらん》が続《つづ》いたよ

兼好法師《けんこうほうし》が生《い》きた、鎌倉時代《かまくらじだい》の終《お》わりから室町時代《むろまちじだい》のはじめごろは、日本《にほん》の各地《かくち》で戦乱《せんらん》が絶《た》えなかった時代《じだい》だよ。

鎌倉時代《かまくらじだい》の終《お》わりには、幕府《ばくふ》を倒《たお》そうとする動《うご》きが活発《かっぱつ》だったよ。兼好《けんこう》が『徒然草《つれづれぐさ》』を書《か》き上《あ》げたといわれる時期《じき》は1330年《ねん》ごろで、48歳《さい》のころなんだ。同《おな》じころの1333年《ねん》に、鎌倉幕府《かまくらばくふ》が滅《ほろ》びているよ。

武士《ぶし》の政権《せいけん》である鎌倉幕府《かまくらばくふ》が滅《ほろ》んだ後《あと》、日本《にほん》は次第《しだい》に、天皇《てんのう》を中心《ちゅうしん》とした政治《せいじ》を目指《めざ》す勢力《せいりょく》と、武士《ぶし》による政治《せいじ》を目指《めざ》す勢力《せいりょく》の2つにわかれて争《あらそ》うようになったよ。この争《あらそ》いは、60年《ねん》ほど続《つづ》き、のちに南北朝《なんぼくちょう》の動乱《どうらん》といわれるようになったんだ。

はげしい時代《じだい》だけれど、こころは自由《じゆう》だったんだ

『徒然草《つれづれぐさ》』には「世《よ》に従《したが》へ《(え)》ば、心《こころ》、外《そと》の塵《ちり》に奪《うば》は《(わ)》れて惑《まど》ひ《(い)》易《やす》く」という文章《ぶんしょう》があるよ。これは「世《よ》の中《なか》に従《したが》っていると、こころは余計《よけい》なことに奪《うば》われてとまどってしまう」という意味《いみ》。はげしい争《あらそ》いが続《つづ》く時代《じだい》だったけれど、兼好法師《けんこうほうし》は、そうした世《よ》の中《なか》の動《うご》きに自分《じぶん》のこころをふりまわされたくないと思《おも》っていたんだ。

そんな兼好《けんこう》が書《か》いた『徒然草《つれづれぐさ》』の文章《ぶんしょう》は、いまのわたしたちが読《よ》んでも、まるで身近《みぢか》な出来事《できごと》のように思《おも》えることばかり。それは兼好《けんこう》が、はげしい争《あらそ》いの続《つづ》く時代《じだい》に、一歩下《いっぽさ》がって、余裕《よゆう》をもって世《よ》の中《なか》を見《み》つめながら書《か》いたからなんだ。

つぎのページからことばの紹介《しょうかい》がはじまるよ。

人生《じんせい》のおもしろさって？

たしかなことは
なにもない。
だから人生《じんせい》は
おもしろいよ。

世《よ》は定《さだ》めなきこそ
いみじけれ。

バス停《てい》
急《きゅう》に雨《あめ》になったけど
おかげでカッパが
見《み》られちゃった

予想外《よそうがい》のことが人生《じんせい》をおもしろくする！

世《よ》の中《なか》を見《み》つめていた兼好《けんこう》せんせい。そんな兼好《けんこう》せんせいは、世《よ》の中《なか》についてどんなことをいっているのかな。このことばでは、「たしかなことはなにもない」といっているよ。いったいどういうことだろう。

試合《しあい》でも試験《しけん》でも、実際《じっさい》にやってみたら予想外《よそうがい》の結果《けっか》になることってあるよね。やる前《まえ》から結果《けっか》が決《き》まっていないからこそ、人《ひと》は挑戦《ちょうせん》したくなるもの。兼好《けんこう》せんせいがいいたかったのは、「たしかなことがないから、おもしろい」ということなんだ。だから、もしうまくいかないことがあっても、それが続《つづ》くと思《おも》って落《お》ち込《こ》んでいたらもったいないよ。たしかなことはなにもない。そう考《かんが》えれば困難《こんなん》に出会《であ》っても、「なんとかしてみよう」という気《き》もちでがんばることができるよね。

人生《じんせい》だって、明日《あした》なにが起《お》きるか、ほんとうはわからない。でもだからこそ、「生《い》きることはおもしろい」と兼好《けんこう》せんせいはいっているんだ。

毎日《まいにち》のこころがまえって？

やりたいことをやる。
会《あ》いたい人《ひと》に会《あ》う。
「いつかやろう」は
後悔《こうかい》のもと。

人《ひと》の命《いのち》は雨《あめ》の晴《は》れ間《ま》をも待《ま》つものかは《（わ）》。

チャンスは一度《いちど》だけなんだ！

やりたいことがあるのに、忙《いそが》しくってなかなか手《て》をつけることができない。「これが終《お》わったらやろう」なんて思《おも》って、結局《けっきょく》やらずに終《お》わってしまった……。そんな経験《けいけん》は、きみにもあるんじゃないかな？　このことばは、そんなきみにおぼえておいてほしいものだよ。

兼好《けんこう》せんせいが書《か》きとめたのは、雨《あめ》のなかを出《で》かけようとした僧《そう》のことば。その僧《そう》は、知《し》りたいことを教《おそ》わりに行《い》こうとしていたよ。まわりの人《ひと》が「雨《あめ》が止《や》んでからにしたら」と止《と》めたら、「人《ひと》の命《いのち》は、雨《あめ》が晴《は》れるまで待《ま》ってくれるでしょうか」といったんだ。

いまあるチャンスを逃《のが》せば、二度《にど》と取《と》り戻《もど》せないことがある。「後《あと》でやればいいや」と思《おも》っても、その「後《あと》」があることは少《すく》ないんだ。会《あ》いたい人《ひと》がいれば、迷《まよ》わず会《あ》いに行《い》く。見《み》たい景色《けしき》があるなら、思《おも》いきって出《で》かけてみる。そんな気《き》もちで過《す》ごせば、きみの人生《じんせい》は後悔《こうかい》のないものになるよ。

やりたいことがたくさん…

ほんとうに
やりたいことを
しっかり決《き》める。
それがまず
やるべきこと。

……第一《だいいち》の事《こと》を案《あん》じ定《さだ》めて、
その外《ほか》は思《おも》ひ《(い)》捨《す》てて、
一事《いちじ》を励《はげ》むべし。

まず1つのことに集中《しゅうちゅう》しよう！

きみには、「これをやりたい！」って思《おも》っているものはあるかな？　勉強《べんきょう》、スポーツ、夢《ゆめ》……、もしきみが1つのことだけじゃなく、いろいろなことにチャレンジしたいと思《おも》っているなら、取《と》りかかる前《まえ》に兼好《けんこう》せんせいのアドバイスを聞《き》いてみよう。

兼好《けんこう》せんせいは、「まず1番《ばん》やりたいことを決《き》めて、それに取《と》り組《く》みなさい」といっているよ。

やりたいことがたくさんあることは素晴《すば》らしいこと。でも1つのことをやりとげるだけでも、とてもたいへんなことだよ。「あれもやりたい、これもやりたい」といっていると、結局《けっきょく》なにもやりとげられずに終《お》わってしまう。だから兼好《けんこう》せんせいは、まずは1つに集中《しゅうちゅう》することがだいじだと考《かんが》えていたんだよ。

なにか1つでもやりとげることは、とてもたいせつ。それはきみの大《おお》きな自信《じしん》になるよ。その自信《じしん》があれば、新《あたら》しいことにもチャレンジしやすくなるはずだよ。

自分《じぶん》を高《たか》めるには？

勉強《べんきょう》も習《なら》いごとも人前《ひとまえ》に出《で》て恥《はじ》をかいてこそ、できるようになるんだよ。

「……うち〳〵よく習《なら(い)》ひ得《え》て、さし出《い》でたらんこそ、いと心《こころ》にくからめ」と常《つね》に言《い(う)》ふめれど、かく言《い(う)》ふ人《ひと》、一芸《いちげい》も習《なら(い)》ひ得《う》ることなし。

恥《はじ》をかくことをおそれないで！

ピアノをはじめたら発表会《はっぴょうかい》に出《で》たいし、試験《しけん》を受《う》けるなら、いい点《てん》をとりたい。習《なら》いごとでも勉強《べんきょう》でも、上達《じょうたつ》したほうがたのしいよね。でも、はじめたばかりの人《ひと》は、上達《じょうたつ》を妨《さまた》げる落《お》とし穴《あな》に気《き》をつけよう。兼好《けんこう》せんせいはそう注意《ちゅうい》しているよ。

落《お》とし穴《あな》とは、「まだじょうずにできないうちは、恥《は》ずかしいから、人前《ひとまえ》に出《で》ないようにしよう……」と思《おも》うこと。つまり、「こっそり練習《れんしゅう》してじょうずになったら、かっこいいかな」なんて考《かんが》えている人《ひと》は、結局《けっきょく》じょうずになれないし、なにも身《み》につけられない。兼好《けんこう》せんせいは、そういっているんだ。

はじめたばかりの人《ひと》がじょうずにできないのは、あたりまえ。そんな気《き》もちで積極的《せっきょくてき》に人前《ひとまえ》に出《で》てみよう。もし恥《はじ》をかいても、そのくやしさがきっときみのエネルギーになって、もっと努力《どりょく》できるはずだよ。「恥《はじ》をかくことは上達《じょうたつ》への近道《ちかみち》」——よくおぼえておこう。

ほんとうの力《ちから》を発揮《はっき》したい！

「まだつぎがある」
なんて考《かんが》えない。
「もうつぎはない」
と考《かんが》えてこそ、
本気《ほんき》の自分《じぶん》に
なれるよ。

初心《しょしん》の人《ひと》、二《ふた》つの矢《や》を持《も》つ事《こと》なかれ。

ダメでも
つぎの矢《や》があるから
だいじょうぶ

一回一回《いっかいいっかい》を真剣《しんけん》に！

だいじな場面《ばめん》では、人《ひと》はどうしても緊張《きんちょう》するもの。「何度《なんど》もチャンスがあれば、緊張《きんちょう》しないでうまくやれるのに……」なんて気《き》もちにもなるかもしれないね。でも兼好《けんこう》せんせいは、こんなことばを書《か》きとめているよ。

「初心者《しょしんしゃ》は、2本《ほん》の矢《や》をもってはならない」これは、弓《ゆみ》の師匠《ししょう》が、2本《ほん》の矢《や》を手《て》にして的《まと》に向《む》かった弟子《でし》にいったことば。一回一回《いっかいいっかい》が勝負《しょうぶ》だと思《おも》って、ものごとに取《と》り組《く》まなくてはならないという意味《いみ》だよ。2本《ほん》の矢《や》を一緒《いっしょ》にもつと、1本目《ぽんめ》を射《い》るとき「つぎの矢《や》があるから、失敗《しっぱい》してもいい」と思《おも》って、緊張《きんちょう》が薄《うす》れてしまう。その気《き》のゆるみは、だいじな場面《ばめん》では大《おお》きなマイナスになるってことなんだ。

1回目《かいめ》に真剣《しんけん》に向《む》き合《あ》わなかったら、2回目《かいめ》だって同《おな》じこと。だから、どんなことでも「つぎはない！」と思《おも》って、真剣《しんけん》に取《と》り組《く》んでみよう。きっと緊張《きんちょう》やプレッシャーも味方《みかた》になって、きみの力《ちから》を発揮《はっき》できるよ。

もっと知《し》りたい!!

兼好法師《けんこうほうし》は自由人《じゆうじん》

僧《そう》になったけれど修業《しゅぎょう》がきらいだった!?

30歳《さい》ごろに出家《しゅっけ》して、僧《そう》になった兼好法師《けんこうほうし》。出家《しゅっけ》というと、きびしい修業《しゅぎょう》をして生涯《しょうがい》を仏教《ぶっきょう》にささげるというイメージだけれど、兼好《けんこう》の場合《ばあい》はそれほどではなかったみたいなんだ。お寺《てら》にこもって修業《しゅぎょう》にはげんだことはあったらしいけれど、そんなに長《なが》い期間《きかん》ではなかったようだよ。

世間《せけん》のふつうの人《ひと》でもない。仏教《ぶっきょう》の世界《せかい》だけに生《い》きる僧《そう》でもない。古典《こてん》の知識《ちしき》が豊《ゆた》かだけれど、学者《がくしゃ》でもない。兼好《けんこう》は、ほかの人《ひと》から「どういう人《ひと》?」と聞《き》かれても、うまく答《こた》えられないような立場《たちば》だったよ。でも、だからこそ自由《じゆう》なものの見《み》方《かた》や考《かんが》え方《かた》ができたともいえるんだ。『徒然草《つれづれぐさ》』は、そんな兼好《けんこう》の視点《してん》から書《か》かれたものだよ。

アルバイトでラブレターを書《か》いていた⁉

出家《しゅっけ》した兼好法師《けんこうほうし》がやらなければならなかったのが、生活《せいかつ》のためのアルバイト。古典《こてん》の知識《ちしき》をもっていたから、『源氏物語《げんじものがたり》』のような、より古《ふる》い時代《じだい》に書《か》かれた書物《しょもつ》を書《か》き写《うつ》したり、文字《もじ》のまちがいを直《なお》したりする仕事《しごと》をしていたんだ。

また文章《ぶんしょう》がじょうずだったから、だれかの代《か》わりに和歌《わか》や手紙《てがみ》を書《か》く、代筆《だいひつ》というアルバイトもしていた。なんとラブレターを書《か》くこともあったみたいなんだ。たとえば、高師直《こうのもろなお》という室町幕府《むろまちばくふ》の実力者《じつりょくしゃ》のラブレターを、兼好《けんこう》が代筆《だいひつ》したという話《はなし》が伝《つた》わっているよ。

高師直《こうのもろなお》は、荒々《あらあら》しさで知《し》られる武将《ぶしょう》。もしこれがほんとうならば、兼好《けんこう》はどんな思《おも》いで、師直《もろなお》の代《か》わりにラブレターを書《か》いていたんだろうね。

勝負《しょうぶ》のときは？

勝《か》とうとすれば
するほど
負《ま》けに近《ちか》づく。
負《ま》けないように
することがたいせつ。

勝《か》たんと打《う》つべからず。
負《ま》けじと打《う》つべきなり。

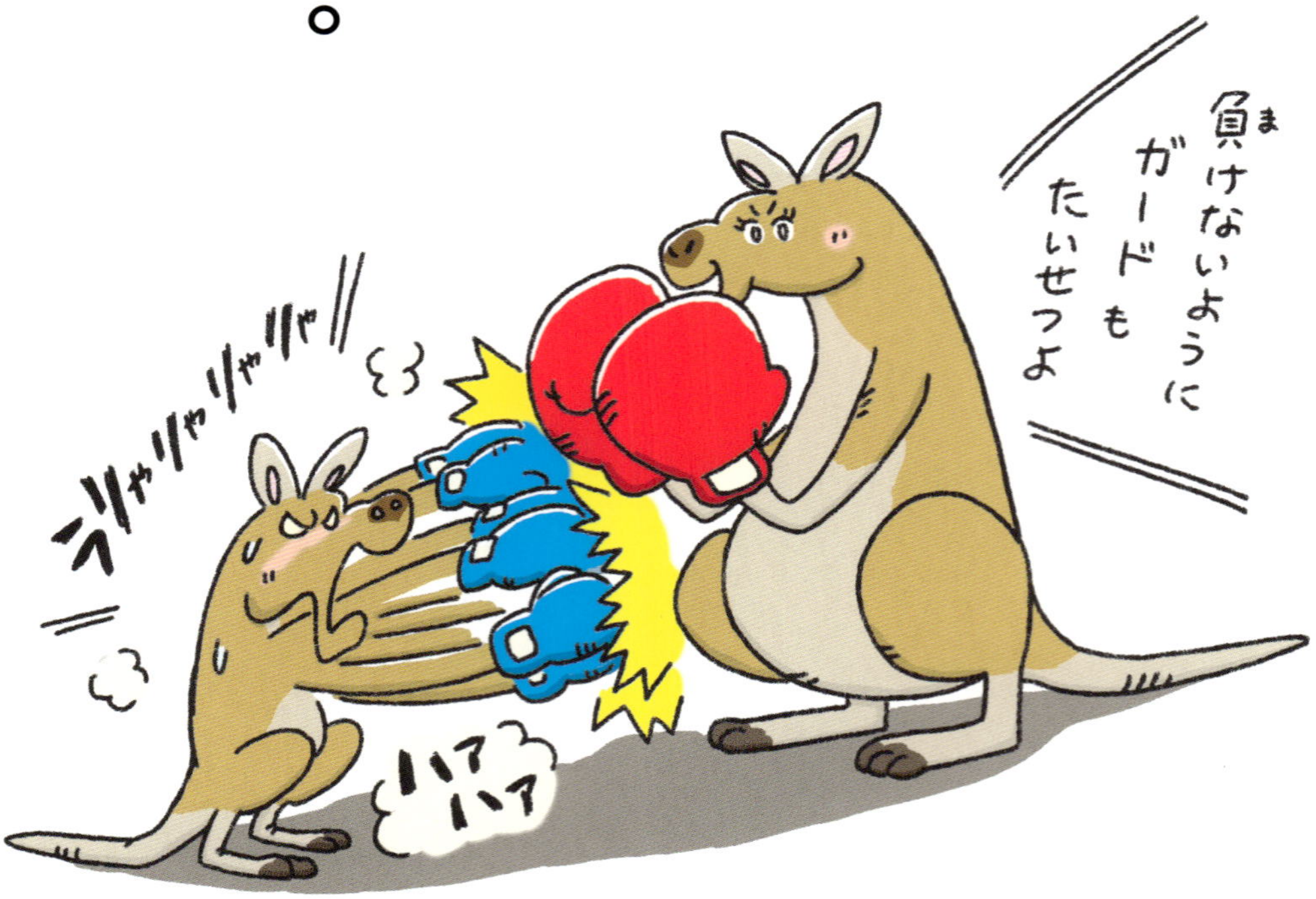

絶対《ぜったい》に負《ま》けない戦《たたか》い方《かた》を！

試合《しあい》をすれば、当然相手《とうぜんあいて》に勝《か》ちたいと思《おも》うよね。でも「勝《か》ちたい」という気《き》もちが強《つよ》すぎると、あせりにつながるよ。きみも、あせって思《おも》わぬところで失敗《しっぱい》し、相手《あいて》に負《ま》けてしまったという経験《けいけん》はないかな？

世《よ》の中《なか》を冷静《れいせい》に見《み》つめていた兼好《けんこう》せんせいは、勝《か》つための極意《ごくい》も教《おし》えてくれるよ。「勝《か》とうと思《おも》わず、負《ま》けないようにすることがたいせつ」——これは、いまのボードゲームにあたる「双六《すごろく》」の名人《めいじん》のことば。「勝《か》てる！」と思《おも》ったときは、早《はや》く決着《けっちゃく》をつけようとしてプレーが雑《ざつ》になり、ミスをしやすい。いっぽう、試合《しあい》で相手《あいて》に先行《せんこう》されても、負《ま》けないように粘《ねば》りに粘《ねば》ると、1つひとつのプレーがしっかりとしたものになるし、相手《あいて》が根負《こんま》けして、大《おお》きなミスをしてしまうことだってあるよ。

ほんとうの強《つよ》さは、負《ま》けない強《つよ》さ。だいじなのは自分《じぶん》のミスを減《へ》らすこと。自分《じぶん》に負《ま》けないようにすれば、それは勝《か》つことにつながるんだ。

こわいものなんてない！

こわいもの知《し》らずはただの素人《しろうと》。名人《めいじん》ほど用心深《ようじんぶか》いよ。

道《みち》を知《し》らざらん人《ひと》、
かばかり恐《おそ》れなんや。

こわさを知《し》っている、それが名人《めいじん》！

きみは、名人《めいじん》と呼《よ》ばれるようなプロと、そうでない人《ひと》とのちがいがわかるかな。その道《みち》をきわめた人《ひと》は、そうでない人《ひと》といったいどこがちがうのか、兼好《けんこう》せんせいに聞《き》いてみよう。

兼好《けんこう》せんせいによれば、ほんとうのプロは、危険《きけん》なことをけっしてせず、とても用心深《ようじんぶか》いんだって。反対《はんたい》に、「道《みち》を知《し》らざらん人《ひと》」、つまりものごとを知《し》らない素人《しろうと》ほど、こわさを知《し》らずに無茶《むちゃ》をするといっているよ。プロは頼《たの》まれた目的《もくてき》を達成《たっせい》し、結果《けっか》を出《だ》さなくてはならない。だから、それを妨《さまた》げる危険《きけん》を察知《さっち》する能力《のうりょく》が高《たか》いんだ。その能力《のうりょく》を支《ささ》えているのは、たくさんの経験《けいけん》と、用《よう》心深《じんぶか》くいろいろな場面《ばめん》を考《かんが》えられる想像力《そうぞうりょく》だよ。

もちろん失敗《しっぱい》をおそれない勇気《ゆうき》もたいせつ。でももっと重要《じゅうよう》なのは、用心深《ようじんぶか》く失敗《しっぱい》をさけて、確実《かくじつ》に結果《けっか》を出《だ》すこと。そんな姿勢《しせい》でものごとに取《と》り組《く》めば、きみも名《めい》人《じん》になれるんだ。

才能《さいのう》を自慢《じまん》したいとき

自分《じぶん》の才能《さいのう》をひけらかさない。それが、ほんとうに才能《さいのう》のある人《ひと》。

よき細工《さいく》は、少《すこ》し鈍《にぶ》き刀《かたな》を使《つか》ふ《(う)》といふ《(う)》。

まぁ
うまい
けどさ…
どう？この歌《うた》声《ごえ》！

才能《さいのう》を使《つか》うのはひかえめに！

兼好《けんこう》せんせいはこのことばで、才能《さいのう》のある人《ひと》が注意《ちゅうい》しなければならない点《てん》について教《おし》えてくれるよ。「彫刻《ちょうこく》の名人《めいじん》は、切《き》れ味《あじ》がにぶい小刀《こがたな》を使《つか》う」と兼好《けんこう》せんせいは、いっているんだ。名人《めいじん》なのに、なんで切《き》れ味《あじ》のにぶい小刀《こがたな》を使《つか》うんだろう。

これは、「名人《めいじん》といわれるほどの人《ひと》はすぐれた技《わざ》をそのまま使《つか》わず、少《すこ》しおさえ気味《ぎみ》にする」という意味《いみ》なんだ。できる人《ひと》がその才能《さいのう》を思《おも》うがままに発揮《はっき》したら、まわりの人《ひと》たちは「すごい」と思《おも》うかもしれない。でもそのうち、しらけてしまう。本人《ほんにん》がまわりから浮《う》いてしまい、気《き》まずくなってしまうってことだってあるよね。

才能《さいのう》があっても、発揮《はっき》する場面《ばめん》を考《かんが》えなければ、ほかの人《ひと》から反発《はんぱつ》されるだけ。だから才能《さいのう》をひけらかすのは、自分《じぶん》のためにも他人《たにん》のためにもならないよ。自分《じぶん》はできると思《おも》う人《ひと》ほど注意《ちゅうい》しよう。ほんとうにできる人《ひと》ほど、自分《じぶん》の才能《さいのう》をひかえめにして使《つか》うんだ。

「知《し》ってるつもり」はまちがいのもと。ささいなことでも確認《かくにん》しよう。

少《すこ》しのことにも、先達《せんだつ》はあらまほしき事《こと》なり。

アメリカへいかないの？
だいたいわかったからいいやぁ

「知《し》ってるつもり」は知《し》らないのと同《おな》じ！

きみは、正《ただ》しい知識《ちしき》や新《あたら》しい経験《けいけん》をふやしたいと思《おも》っているかな。だったら、『徒然草《つれづれぐさ》』のこの話《はなし》が役立《やくだ》つよ。有名《ゆうめい》な石清水八幡宮《いわしみずはちまんぐう》に参拝《さんぱい》しようとした僧《そう》がいた。その僧《そう》は1人《ひとり》で山《やま》のふもとに行《い》き、そこにあった神社《じんじゃ》に参《さん》拝《ぱい》して帰《かえ》ってきた。じつは石清水八幡宮《いわしみずはちまんぐう》の本殿《ほんでん》は山《やま》の上《うえ》にある。でも、そのことを知《し》らなかったんだね。

この話《はなし》を聞《き》いた兼好《けんこう》せんせいは、「知《し》っているつもりでいると、まちがったことに気《き》づかない。だから案内《あんない》してくれる人《ひと》はたいせつだ」といっているよ。知《し》っていると思《おも》い込《こ》むと、それがまちがっていても本人《ほんにん》にはわからない。正《ただ》しい知識《ちしき》や新《あたら》しい経験《けいけん》を得《え》るチャンスがあっても生《い》かせないんだ。とても残念《ざんねん》なことだよね。

自分《じぶん》は、ほんとうは知《し》らないかもしれない。そう思《おも》って、あらかじめ信頼《しんらい》できる人《ひと》に確《たし》かめる。これはとてもだいじなこと。自分《じぶん》は知《し》らないと思《おも》っている人《ひと》ほど、正《ただ》しい知識《ちしき》や新《あたら》しい経験《けいけん》を自分《じぶん》のものにできるんだ。

もっとたのしく生《い》きるには？

完全《かんぜん》なもののよさ、不完全《ふかんぜん》なもののよさ。両方《りょうほう》をたのしめる自分《じぶん》になろう。

花《はな》は盛《さか》りに、月《つき》は隈《くま》なきをのみ、見《み》るものかは（わ）。

不完全《ふかんぜん》なものにもおもしろさを見《み》つけよう！

試合《しあい》をすれば必《かなら》ず勝《か》ち、テストはいつも満点《まんてん》。そんなことはありえないよね。人生《じんせい》というものは、うまくいくことと、いかないことのくり返《かえ》し。だけど、兼好《けんこう》せんせいはこのことばで、どんなときでもたのしく生《い》きられる方法《ほうほう》を教《おし》えてくれるよ。

このことばは、「花《はな》は満開《まんかい》のときばかりを楽《たの》しむものではなく、月《つき》はくもりのない満月《まんげつ》だけが美《うつく》しいわけではない」という意味《いみ》。つまり、完全《かんぜん》なものだけでなく、不《ふ》完全《かんぜん》なものにも、価値《かち》や美《うつく》しさがあるってことだよ。勉強《べんきょう》やスポーツだってそう。試験《しけん》や試合《しあい》で、よい結果《けっか》が出《で》たときだけに価値《かち》があるわけではないよ。地味《じみ》に努《ど》力《りょく》しているときには、そこでしか味《あじ》わえない喜《よろこ》びがあるもの。人生《じんせい》で出会《であ》うさまざまな出来事《できごと》も同《おな》じだよ。

不完全《ふかんぜん》なもののなかにある価値《かち》や美《うつく》しさを見《み》つけられるようになろう！　そうすれば、きみはどんなときでも人生《じんせい》をたのしむことができるんだ。

もっと教《おし》えて!! 兼好《けんこう》せんせい

兼好《けんこう》せんせいは『徒然草《つれづれぐさ》』で、さまざまな話題《わだい》を通《とお》して、人生《じんせい》について教《おし》えてくれているよ。ものごとを上達《じょうたつ》させるコツや、だいじなところでミスを避《さ》けるための方《ほう》法《ほう》など、人生《じんせい》をたのしく生《い》きるひけつを、もっと兼好《けんこう》せんせいに聞《き》いてみよう！

できる人《ひと》になるには？

成長《せいちょう》するには、
人《ひと》の真似《まね》から
はじめるのも
だいじだよ。

偽《いつわ》りても賢《けん》を学《まな》ばんを、
賢《けん》といふ(う)べし。

ミスをふせぐコツは？

むずかしいところでは
意外《いがい》とミスは起《お》きない。
やさしいところで
気《き》がゆるんだときが
危《あぶ》ないよ。

あやまちは、安《やす》き所《ところ》に成《な》りて、
必《かなら》ず仕《つかまつ》る事《こと》に候《そうろ》ふ(う)……

どの話《はなし》を信《しん》じるべき？

おもしろい話《はなし》ほど、
うそがあるから
注意《ちゅうい》しよう。
かしこい人《ひと》ほど
大《おお》げさな話《はなし》はしないよ。

下《しも》ざまの人《ひと》の物語《ものがたり》は、
耳驚《みみおどろ》く事《こと》のみあり。
よき人《ひと》は怪《あや》しき事《こと》を語《かた》らず。

自分《じぶん》って優秀《ゆうしゅう》かも？

ほかの人《ひと》より自分《じぶん》はすぐれている。そんな思《おも》いがあったら、すぐに忘《わす》れてしまおう。

……人《ひと》に勝《まさ》れりと思《おも（え）》へる人《ひと》は、たとひ言葉《（い）ことば》に出《い》でてこそ言《い（わ）》はねども、内心《ないしん》にそこばくの咎《とが》あり。慎《つつし》みて、これを忘《わす》るべし。

不満《ふまん》をなくすには？

まわりに不満《ふまん》が多《おお》いのは、まわりに頼《たよ》りすぎているから。

万《よろづ》の事《こと》は頼《たの》むべからず。愚《おろ》かなる人《ひと》は、深《ふか》く物《もの》を頼《たの》む故《ゆえ》に、恨《うら》み、怒《いか》る事《こと》あり。

人生《じんせい》がつまらない…

生《い》きていることはとても価値《かち》がある。今日《きょう》の1日《にち》はあたりまえじゃないよ。

一日《いちにち》の命《いのち》、万金《まんきん》よりも重《おも》し。……人《ひと》、死《し》を憎《にく》まば、生《しょう》を愛《あい》すべし。存命《ぞんめい》の喜《よろこ》び、日々《ひび》に楽《たの》しまざらんや。

＊この本《ほん》で紹介《しょうかい》している文章《ぶんしょう》は、『新訂《しんてい》　徒然草《つれづれぐさ》』（西尾《にしお》実《みのる》・安良岡康作《やすらおかこうさく》校注《こうちゅう》、岩波文庫《いわなみぶんこ》）を参照《さんしょう》しました。

- イラスト　こやまこいこ／イケウチリリー
- 企画・編集　株式会社日本図書センター
- 制作　株式会社アズワン
- 参考文献　『枕草子』（池田亀鑑校訂、岩波文庫）／『NHK「100分de名著」ブックス　清少納言　枕草子』（山口仲美、NHK出版）／『新訂　徒然草』（西尾実・安良岡康作校注、岩波文庫）／『NHK「100分de名著」ブックス　兼好法師　徒然草』（荻野文子、NHK出版）

NDC159
あの古典のことばがよくわかる！
超訳！　こども名著塾
⑤ 枕草子
徒然草
日本図書センター
2018年　72P　22.2 × 18.2cm

あの古典《こてん》のことばがよくわかる！
超訳《ちょうやく》！　こども名著塾《めいちょじゅく》
⑤枕草子《まくらのそうし》－自分《じぶん》らしく生《い》きよう！
徒然草《つれづれぐさ》－人生《じんせい》っておもしろい！

2018年９月25日　初版第１刷発行

編　集	「超訳！　こども名著塾」編集委員会
発行者	高野総太
発行所	株式会社 日本図書センター
	〒112-0012　東京都文京区大塚3-8-2
	電話　営業部 03-3947-9387
	出版部 03-3945-6448
	http://www.nihontosho.co.jp
印刷・製本	図書印刷 株式会社

2018 Printed in Japan
乱丁・落丁本はお取り替えいたします。

ISBN978-4-284-20420-0（第５巻）